Bastelwerkstatt

Flechten • Knüpfen • Weben

Uta Donath

Bastelwerkstatt Flechten • Knüpfen • Weben

Mit Perlen, Bast und Wolle

Mit Fotografien von Julia von Vietinghoff

christophorus

Inhalt

Vorwort

Hallo!

In diesem Buch findest du eine Menge Ideen, was man mit Fäden und Schnüren alles machen kann.
Hier wird gewebt, geknüpft und geflochten. Das sind uralte Techniken, die die Menschen sich schon in ganz früher Vorzeit ausgedacht und entwickelt haben, um Kleidung, Gefäße oder Schnüre herzustellen. Aber man hat damit auch die Möglichkeit, ganz moderne Sachen zu machen wie z. B. eine Handytasche oder ein Freundschaftsarmband. Du kannst Garne aller Art verarbeiten, z. B. Wolle, Baumwolle, Bast, Schnur, Jute oder Lederriemen. Aber auch Schleifenbänder, Plastiktüten, Draht, Papier oder Stoffstreifen kann man zum Weben, Knüpfen oder Flechten verwenden. Es gibt viele Möglichkeiten – probiere sie einfach aus! Du kannst natürlich mit anderen Farben als den angegebenen arbeiten.
Alle Modelle sind Schritt für Schritt mit vielen Bildern erklärt. Am Anfang jedes Kapitels gibt es eine kurze Einführung in die jeweilige Technik.

Liebe Eltern!

In dem vorliegenden Buch finden Sie kindgerechte Modelle, gearbeitet mit alten textilen Techniken in modernem Gewand. Die Grundbegriffe der einzelnen Techniken werden vereinfacht erklärt. Es geht in erster Linie darum, dass Ihre Kinder Spaß und Freude im Umgang mit Materialien und Farben erfahren und dass die Lust am Ausprobieren und Verarbeiten verschiedenster Materialien geweckt wird. Bei einigen Modellen ist es gut, wenn Sie Ihrem Kind zur Seite stehen, wie z. B. beim Schneiden mit dem Cutter. Ich habe versucht, möglichst viele Schritte über Bilder zu erklären, sodass Kinder die Schritte optisch nachvollziehen können. Trotzdem ist es bei manchen Modellen sicher hilfreich, wenn Sie dem Kind die Anleitung noch einmal erläutern oder durch Anschauung vermitteln. Nun hoffe ich, dass alle, die mit diesem Buch arbeiten, viel Freude haben werden.

Viel Spaß und
viele Ideen wünscht
Uta Donath

Altersangaben

Bei jedem Basteltipp finden Sie eine Altersangabe (ab 6, ab 8 Jahren). Diese dient als ungefährer Anhaltspunkt, da die Entwicklung der feinmotorischen Fähigkeiten bei Kindern sehr unterschiedlich ausfällt. Natürlich können auch ältere Kinder Bastelideen für Kleinere nacharbeiten, umgekehrt können sich Kleinere mit entsprechender Unterstützung an etwas schwierigere Objekte wagen.

Weben Einführung

1. Kettfäden spannen

Knote den Faden an einem Querstab mit Einkerbungen (Kettbaum) fest, führe ihn gerade über den Webkamm (das bewegliche Teil in der Mitte) und lege ihn in die Kerbe. Führe ihn weiter bis zum anderen Querstab (Warenbaum) und hake ihn dort ein. Nun wird er zurückgeführt über die nächste Kerbe im Webkamm usw. Spanne die Fäden gleichmäßig. Zuletzt verknotest du das Ende am Warenbaum. Zum Spannen löse die seitlichen Schrauben und drehe den Kettbaum nach außen, dann die Schrauben wieder festziehen.

2. Webtechnik

Hier siehst du, wie die Kettfäden über den Webkamm laufen. Der Webkamm dient dazu, jeden zweiten Faden abwechselnd zu heben und zu senken, damit sich ein „Fach" bilden kann. Durch dieses wird dann der „Schuss" geführt, der Faden, der die Kettfäden miteinander verbindet. Die Art, wie Kette und Schuss verbunden werden, nennt man Bindung. Durch Drehen des Webkamms werden die Fäden, die zuerst unten lagen, nun gehoben und umgekehrt. Dafür ist es wichtig, dass in jeder Kerbe genau ein Faden liegt.

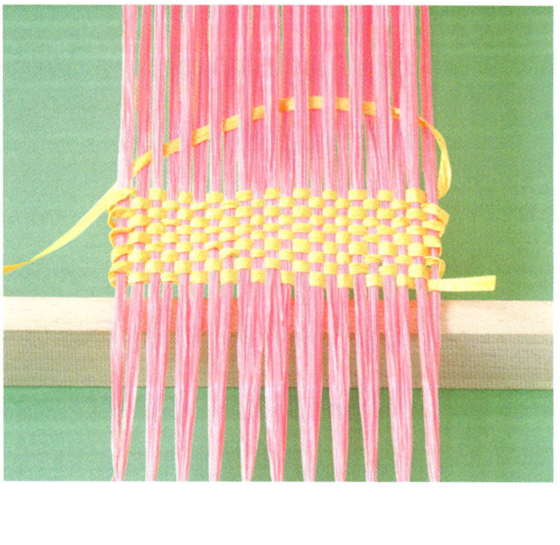

3. Weben

Zum Weben brauchst du eine Webnadel oder ein Webschiffchen. Das kannst du leicht selbst herstellen: Schneide aus Karton ein langes Rechteck und schneide an beiden kurzen Seiten eine Kerbe ein. Du kannst auch ein Schiffchen aus Holz verwenden. Darauf wickelst du etwas Garn. Führe nun das Schiffchen durch das Fach und lege den Faden im Bogen ein. Das verhindert ein Zusammenziehen des Webguts. Achte immer darauf, dass der Faden am Anfang locker am ersten Kettfaden anliegt.

4. Schuss anschlagen

Jetzt wird der Faden mit einem Kamm „angeschlagen". Dafür führst du einen Kamm zwischen die Kettfäden ein und schiebst den Faden fest an das Gewebe. Die Schlaufe am Rand soll sich locker um den letzten Kettfaden legen. Dadurch bleibt dein Webstück an den Rändern gerade. Ziehst du den Faden zu straff, wird dein Webstück immer schmaler. Nun drehst du den Webkamm, sodass die unten liegenden Kettfäden nach oben kommen und die oben liegenden nach unten. Führe den Faden wieder durchs Fach usw.

5. Fadenwechsel

Sollte der Faden einmal zu Ende sein, führst du das Fadenende bis zur Fachmitte. Den neuen Faden legst du 2–3 cm über das Fadenende und webst wie gewohnt weiter. Auf diese Art kannst du auch die Farbe wechseln.
Wenn du ein paar Zentimeter gewebt hast, ziehe mit beiden Händen dein Webstück rechts und links in die Breite – dadurch werden zu nah aneinanderliegende Kettfäden wieder auseinandergezogen. Webe so lange weiter, bis dein Werkstück die richtige Länge hat.

6. Webstück abnehmen

Ist dein Gewebe lang genug, löse die beiden Schrauben am Warenbaum und drehe ihn zum Gewebe hin. Dadurch lockern sich die Kettfäden und du kannst sie aus den Einkerbungen lösen. Damit das Gewebe nicht ausfranst, musst du die Kettfäden miteinander verknoten. Nimm immer drei bis vier Kettfäden für einen Knoten und setze den Knoten dicht an das Gewebte. Bist du damit fertig, ist das andere Gewebeende dran. Zuletzt werden die Enden mit der Schere auf eine Länge geschnitten.

Webstuhl bauen

1. Material

Mit etwas Werkzeug und einer Obstkiste kannst du dir deinen eigenen Webstuhl bauen.
Du brauchst dafür folgendes Material: Obstkiste aus Sperrholz; 9 Halbrundstäbe (gibt's im Baumarkt), so lang, wie die Kiste breit ist; Hammer und Nägel.
Für den Webkamm brauchst du: ein Stück Pappe, etwas schmaler, als die Kiste breit ist, und ca. 20 cm hoch; scharfen Cutter; Schneideunterlage; Geodreieck; Bleistift und Lochzange.
Für die Kette benötigst du: Baumwollgarn und Schere.

2. Rahmen bauen

Die Halbrundstäbe dienen als Schutz und Führung für die Kettfäden, damit diese sich an den Kistenkanten nicht aufscheuern. Die Halbrundstäbe werden ringsum auf die Breitseiten der Kiste genagelt: zwei oben, jeweils drei auf die Vorder- und Rückseite und drei auf die Unterseite (siehe Foto). Das Nageln ist etwas kniffelig, dabei lässt du dir am besten von einem Erwachsenen helfen. Leichter geht es, wenn dir jemand die Nagellöcher mit einem Bohrer in Nagelstärke vorbohrt.

3. Webkamm herstellen

Zeichne mit Hilfe des Geodreiecks parallele Linien im Abstand von 1 cm quer auf die Pappe. Markiere an den Seiten einen Rand von 2 cm. Zeichne eine Mittellinie parallel zu den Längskanten. Markiere nun jedes zweite Feld auf der Mittellinie genau in der Mitte mit einem Punkt. Dann werden die Felder ohne Punkt mit dem Cutter herausgeschnitten. Das sollte ein Erwachsener für dich tun. Knipse mit der Lochzange die Punkte heraus. Aus den Pappresten kannst du noch Webschiffchen schneiden.

4. Kettfäden spannen

Alle Kettfäden werden einzeln in die „Litzen" (Schlitze und Löcher im Webkamm aus Pappe) eingefädelt. Lege einen Faden rund um die Kiste und rechne 15 cm hinzu. Schneide nun so viele Fäden in dieser Länge zu, wie es Litzen gibt. Fädele einen Kettfaden durch die erste Litze des Webkamms, führe ihn um die Kiste über die Rundhölzer herum und verknote ihn vorn (siehe Foto). Befestige auf diese Art auch einen Kettfaden in der letzten Litze. Nun kannst du die restlichen Fäden einfädeln und verknoten.

5. Weben

Das Weben geht im Prinzip genauso, wie in der Einführung beschrieben. Da die Kettfäden aber nicht so dicht beieinanderliegen, ist es besser, du verwendest sehr dickes Schussgarn. Du kannst auch, wie hier gezeigt, mit gerissenen Stoffstreifen weben. Bei diesem Webstuhl wird das Webfach durch Hochziehen und Niederdrücken des Webkamms erzeugt. Drücke den Webkamm herunter und schiebe das Schiffchen mit dem Garn oder den Stoffstreifen durch das Fach. Schiebe den Schuss mit dem Kamm zum Rand hin.

6. Fachwechsel

Hebe nun den Webkamm, dadurch werden die Kettfäden, die durch die Löcher laufen, gehoben und das zweite Fach entsteht. Führe dann das Schiffchen durch das Fach und schiebe anschließend den Schuss zum Rand. Es kann passieren, dass dein Gewebtes nach einiger Zeit über die Holzrundstäbe rutscht. Das macht aber gar nichts, im Gegenteil: Dein Webstück kann dadurch länger werden. Zuletzt nimmst du das Webstück, wie in der Einführung beschrieben, ab.

Zahnputztäschchen

Material

Bast in 2 Farben, stumpfe Nadel, Schere, 2 Knöpfe, Webrahmen

Bast gibt es in tollen bunten Farben. Du kannst Ihn leicht verweben, es geht schnell und sieht gut aus. Deshalb findest du in diesem Buch mehrere Dinge aus Bast. Wie gewebt wird, kannst du auf Seite 8/9 lesen und sehen.

1. Wähle für das Täschchen zwei möglichst kontrastierende Farben aus, da auch die Kettfäden sichtbar bleiben. Bespanne deinen Webrahmen ca. 18 cm breit mit Bast.

2. Das Weben mit Bast geht schnell, da die Kettfäden genauso stark wie die Schussfäden sind und dein Gewebtes dadurch schneller „wächst". Allerdings musst du beim Weben darauf achten, dass die Kette nicht reißt. Besonders beim Einführen des Kammes kann das leicht passieren. Wenn du den Schussfaden eingelegt hast, führe den Kamm vorsichtig zwischen die Kettfäden, am besten durch leichtes Hin- und Herbewegen. Erst dann den Faden zum Warenbaum hin schieben. Webe ein ungefähr 20 cm langes Baststück. Damit die Kettfäden eine ausreichende Länge zum späteren Verknoten haben, achte darauf, dass das Gewebe einen Abstand von etwa 5 cm vom Warenbaum hat.

3. Ist dein Gewebtes lang genug, kannst du es vom Webrahmen lösen. Nun werden die Kettfäden verknotet und zwar so, dass eine Tasche entsteht. Lege Webkante auf Webkante und verknote jeweils zwei gegenüberliegende Fäden miteinander. Auf der anderen Seite verknotest du die Fäden ebenso. Nun kannst du sie mit der Schere auf 2 cm Länge kürzen.

4. Die Knöpfe werden etwa 5 cm vom Fransenrand entfernt angenäht. Fädele ein Stück Bast durch die Knopflöcher. Ziehe die Fadenenden einzeln, in einem Abstand von zwei Kettfäden, mit der Nadel durch den Stoff und knote sie auf der Innenseite zusammen.

5. Für eine Schlaufe schneidest du drei 20 cm lange Baststücke zu und verknotest sie. Fädele einen Bastfaden durch die dem Knopf gegenüberliegende Kante (siehe Foto).

6. Nun wird ein Stück geflochten (das einfache Flechten wird auf Seite 46 erklärt), je nach Knopfgröße muss die Schlaufe kürzer oder länger werden. Das probierst du am besten aus, indem du die Schlaufe um den Knopf legst.

7. Dann fädelst du mit der Nadel wiederum nur einen Bastfaden durch die Webkante (siehe Foto). Prüfe nochmals, ob die Schlaufe passt. Dann verknote die drei Fadenenden miteinander.

Alter

ab 8 Jahren

Sonnen aus Bast

Material

Karton, Teller, ca. Ø 20 cm, Bast in verschiedenen Farben, stumpfe Nadel mit großem Nadelöhr, Geodreieck, Schere, Bleistift, Klebeband

Du kannst sie vors Fenster hängen oder als Untersetzer verwenden – die Sonnen aus Bast sind leicht herzustellen und ganz fix fertig.

1. Zunächst brauchst du eine Scheibe aus Karton als „Webrahmen". Lege den Teller auf den Karton, umfahre den Rand und schneide den Kreis aus.

2. Markiere am Rand 25 Einschnitte. Die Abstände zwischen den Markierungen sollen möglichst gleich groß sein. Du kannst auch ein paar mehr Einschnitte anzeichnen, es muss aber in jedem Fall eine ungerade Zahl sein. Beschrifte die Markierungen von 1 bis 25 und schneide sie ein.

3. Nun bohrst du mit der Scherenspitze in die Kartonmitte ein Loch. Die Mitte kannst du exakt ermitteln: Ziehe eine Linie von einem Punkt des Kreisrandes zu einem beliebigen anderen Punkt am Kreisrand. Markiere die Mitte der Linie und zeichne von dort aus eine weitere Linie rechtwinklig zur ersten. Verlängere diese auf beiden Seiten bis zum Kreisrand. Der Mittelpunkt des Kreises liegt genau auf der Hälfte dieser Linie.

4. Fädele nun den Anfang des Bastfadens durch das Mittelloch und klebe ihn auf der Rückseite mit Klebeband fest. Führe den Faden über die 1, auf der Rückseite zurück über die 13, von dort auf die 2, auf der Rückseite zurück über die 14 usw., bis die Scheibe sternförmig mit Kettfäden bespannt ist. Das Ende klebst du auf der Rückseite fest oder verknotest es mit dem Anfang.

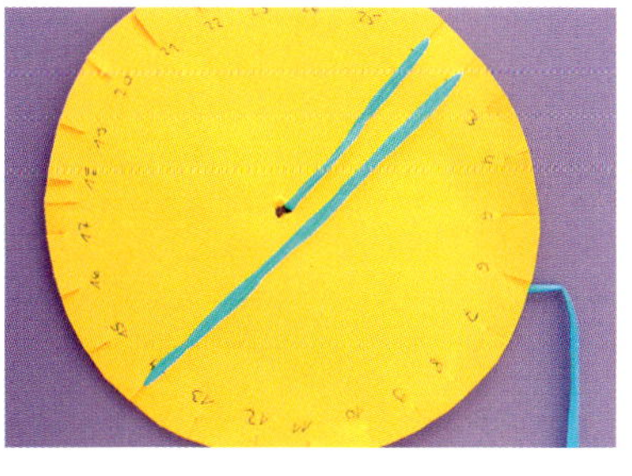

5. Schneide nun einen Bastfaden in anderer Farbe etwa 80 cm lang ab und fädele ihn in die Nadel. Führe den Faden immer über einen und unter einen Kettfaden, bis du wieder am Anfang bist. Jetzt wird der Faden stramm angezogen und die Mitte fixiert. Wenn du keinen Faden ausgelassen hast, kannst du einfach weiterweben. Die erste Runde ist die schwierigste, danach erkennst du leicht, welcher Faden oben und welcher unten liegt.

6. Webe so weiter, bis der Faden zu Ende ist oder du eine andere Farbe wählen möchtest. Lege den neuen Anfangsfaden überlappend ein und webe weiter, bis dir die Sonne groß genug erscheint.

7. Nun werden die Kettfäden auf der Rückseite am Kreismittelpunkt aufgeschnitten.

8. Die Kettfäden kannst du miteinander verknoten oder verflechten. Hierbei kannst du hübsche Muster erzeugen.

Alter

ab 6 Jahren

Schmusekissen

Material

Wollreste von weicher Wolle
Stumpfe Nähnadel
Füllwatte
Stecknadeln
Webrahmen

Mit so einem Kissen aus weicher Wolle kannst du prima kuscheln – besonders, wenn du es selbst gemacht hast. Wähle dafür Wolle aus, die sich warm und angenehm auf der Haut anfühlt.

1. Bespanne zuerst deinen Webrahmen in ganzer Breite mit einem Wollfaden.

2. Webe nach Lust und Laune Streifen in verschiedenen Farben, bis es nicht mehr weitergeht.

3. Nimm die Kissenplatte vom Webrahmen und lass die Kettfäden hängen.

4. Webe eine weitere Kissenplatte auf dieselbe Art. Lege dann beide Kissenplatten aufeinander und verknote die Kettfäden beider Hälften miteinander. Knote immer zwei und zwei Fäden zusammen.

5. Nun werden die Seiten zusammengenäht. Erst nähst du die eine Seite zu, dann stopfst du das Kissen mit Watte aus, dann nähst du die andere Seite zu.

Alter

ab 6 Jahren

Läufer für die Puppenstube

Material

Baumwollgarn
Stoffrest von dünnem Stoff
z. B. Chiffon, Organdy oder Voile
Webrahmen

Mit diesem Teppich wird's in deiner Puppenstube so richtig gemütlich.

1. Zuerst reißt du den Stoff in 1 cm breite Streifen. Diese sind dein Webgarn.

2. Wickle nun einen Stoffstreifen auf ein Holzschiffchen.

3. Bespanne den Webrahmen mit dem Baumwollgarn in der Breite, die der Läufer haben soll. Webe wie gewohnt und verknote die Fäden zuletzt.

Alter

ab 6 Jahren

Landschaft

Material

Baumwollgarn in verschiedenen Farben, Schere, Webrahmen

Hier siehst du, wie man ein Bild in Gobelintechnik webt.

1. Bespanne deinen Webrahmen mit Garn, wie auf Seite 8/9 beschrieben. Webe zuerst ein paar Zentimeter Grund.

2. Nun beginnst du, die Landschaft zu weben. Um Hügel darzustellen, führst du den Faden nicht durch das ganze Fach, sondern nur so weit, wie der Hügel reicht.

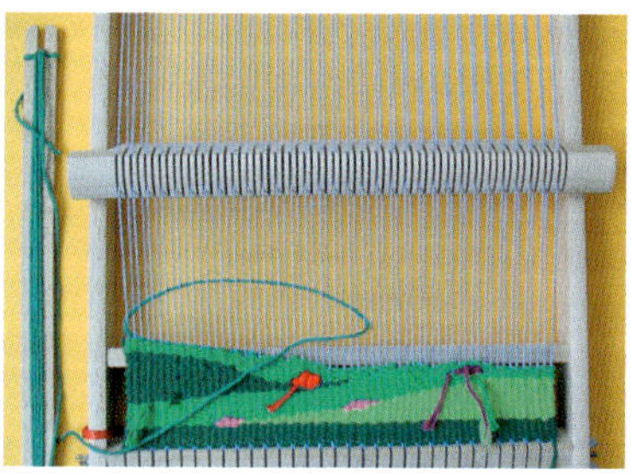

3. Dann drehst du den Webkamm und führst den Faden wieder zurück. Beim folgenden Schuss führst du den Faden nicht ganz so weit und dann ebenfalls zurück. Webe so weiter, bis ein kleiner Hügel entstanden ist. Lass den Faden dann seitlich hängen.

4. Nun möchtest du vielleicht eine Blume auf dem Hügel wachsen lassen. Wähle eine kontrastierende Farbe, zum Beispiel Pink. Führe den Faden über vier bis fünf Kettfäden ein paarmal hin und her.

5. Webe dann mit dem vorigen grünen Faden weiter. Führe ihn über die Blume hinaus und zurück. Ist der eine Hügel fertig gewebt, kannst du auf die gleiche Weise von der anderen Webkante aus eine zweite Erhebung weben. Auch in die Bildmitte kannst du so Wellen oder Hügel einarbeiten.

6. Auf dem Foto siehst du am Beispiel der Wolke, wie du mit mehreren Farben eine Reihe weben kannst. Führe einen hellblauen Faden bis zum Wolkenanfang. Von der anderen Seite kommst du mit dem weißen Faden entgegen. Von dem weißen Faden aus kannst du wieder einen hellblauen in die entgegengesetzte Richtung führen. Wichtig hierbei ist, dass du die Schussfäden entweder aufeinander zulaufen lässt oder voneinander wegführst. Wenn du den Webkamm drehst, siehst du, ob die Schussführung stimmt.

7. Ist dein Bild fertig gewebt, nimmst du es vom Webrahmen. Damit unten keine Fransen entstehen, schneidest du die Kettfäden am unteren Ende nicht auf. Sie werden vorsichtig von der gegenüberliegenden Seite durch das Gewebe gezogen. Dabei musst du mit der einen Hand das Gewebe festhalten und mit der anderen an einem Kettfaden ziehen, bis

keine Schlaufe mehr sichtbar bleibt.

8. Jetzt wird die Kette abgebunden. Knote immer drei Kettfäden zusammen. Schneide die Fäden auf eine Länge und knote sie nochmals am Ende zusammen. Nun kannst du einen Holz- oder Bambusstab durch die Schlaufen führen und dein Bild aufhängen.

Alter

ab 8 Jahren

Motor
Lieber! Louis ich wü-de dich gerne mal wider sehen. das Camp war schön mit dir. Ich muss immer an dich denken und ich kann mir auch forstelen wie groß deine Knochensamml=ung schon ist
Deine Johanna.k.
teddy

Pinnwand

Material

Styroporplatte, Baumwollstoff, ringsum ca. 10 cm größer als die Styroporplatte, bunte Bänder, Stecknadeln, Schere

Mit bunten Bändern kannst du nicht nur Geschenke verpacken – auch eine Pinnwand lässt sich damit weben! Wie das geht, siehst du hier.

1. Schlage die Styroporplatte mit Stoff ein wie ein Geschenk. Beginne an einer Seite und stecke den Stoff mit Stecknadeln auf der Styroporplatte fest. Setze die Stecknadeln leicht schräg an, sodass sie auf der Vorderseite nicht herausragen. Schlage dann die gegenüberliegende Seite ein, sodass der Stoff glatt liegt, und stecke ihn ebenfalls fest. Anschließend sind die restlichen zwei Seiten dran. Die Ecken musst du besonders genau falten, damit sich kein Stoffwulst bildet. Wenn der Stoff ringsum glatt anliegt, drücke die Stecknadeln bis zum Kopf ins Styropor.

2. Nun werden die Bänder festgesteckt. Schneide sie so lang zu, dass du sie um den Rand der Platte herumschlagen kannst. Stecke die Bänder der Reihe nach, wie auf dem Foto zu sehen ist, an einer Plattenrückseite fest. Verwende immer zwei Stecknadeln, das hält besser.

3. Nun drehst du die Platte auf die Rückseite. Schneide die Bänder zu, die als Schuss dienen. Stecke das erste „Schussband", wie schon erklärt, an der Rückseite fest. Jetzt kannst du weben. Führe das Band abwechselnd über und unter die bereits festgesteckten Bänder (siehe Foto). Am besten legst du jedes zweite Band hoch, führst das Schussband ein und klappst die „Kettbänder" wieder herunter. Schiebe es möglichst dicht an das vorige Band. Schlage das Ende um den Plattenrand und stecke es ebenfalls fest. Bei der nächsten Reihe klappst du die Bänder hoch, die unten liegen, führst das Schussband ein usw. Nach zwei bis drei Reihen kannst du die verwebten Bänder an verschiedenen Stellen mit Stecknadeln feststecken – dadurch verrutschen sie nicht mehr.

4. Ist die Fläche ganz mit Bändern bedeckt, werden die restlichen Enden auf der Rückseite festgesteckt. Alle Bänder sollen straff liegen, evtl. musst du die ein oder andere Stecknadel noch einmal lösen, das Band spannen und wieder feststecken.
Jetzt kannst du Postkarten, Zettel, Bilder und Notizen anstecken.

Alter

ab 8 Jahren

Wilder Käfer

Material

Chenilledraht, Klebeband,
2 Perlen

Was ist das? Es hat 40 Beine, geht nicht an der Leine, braucht nichts zu fressen und ist doch ganz rund? Das ist Fifi, das Haustier, das keinen Ärger macht. Du kannst es selbst „großziehen" – aus Chenilledraht!

1. Aus Chenilledraht kannst du prima Figuren formen, allerdings musst du Acht geben, dass du dich an den Enden nicht piekst. Wähle Farben für deinen persönlichen Fifi aus und lege ungefähr in 12 cm Breite die Chenilledrahtstücke oder Pfeifenputzer nebeneinander. Klebe sie am oberen Ende mit Klebeband fest.

2. Zuerst webst du Fifis Körper: Biege jedes zweite Drahtstück nach oben. Lege ein Drahtstück quer in dieses Fach und biege die Drahtstücke wieder hinunter. Als Nächstes biegst du die unten liegenden Drahtstücke hoch. Lege wiederum einen Chenilledraht in der Farbe deiner Wahl in dieses Fach. So webst du etwa 12 cm.

3. Forme den Körper zu einer Schale.

4. Für die Beine die Enden der Chenilledrahtstäbe zuerst leicht nach oben und dann nach unten biegen (siehe großes Foto), sodass sie wie Spinnenbeine vom Körper abstehen. Hier musst du ein bisschen herumprobieren, bis Fifi gut stehen kann. Man kann auch die Enden miteinander verflechten und dann die Beine biegen.

5. Lege an einer Ecke zwei sich kreuzende Stäbe als Fühler fest. Darauf steckst du je eine Perle als Augen.

6. Für den Schwanz biegst du an der gegenüberliegenden Ecke drei Stäbe nach oben.

Alter

ab 6 Jahren

Weben mit Papier

Material

Papier
Bastelfarben
Breiter und schmaler Pinsel
Schere
Cutter
Schneideunterlage, z. B. ein Stück Pappe
Geodreieck
Bleistift
Kleister
Wasserglas

Zum Bekleben kannst du verschiedene Gegenstände aus Papier oder Karton verwenden, z. B. eine Schachtel, ein Album, eine Zeichenmappe oder einen Bucheinband.

Papierstreifen herstellen

Bemale Papiere in verschiedenen Farben. Um ausreichend lange Streifen zu erhalten, verwende am besten DIN-A3-Papierbögen. Wenn sie getrocknet sind, zeichnest du parallele Linien von 1 cm Breite mit Hilfe des Geodreiecks auf. Schneide die Streifen entlang den Linien aus. Du kannst auch fertige Farbpapiere verwenden, zum Beispiel buntes Kopierpapier. Allerdings kannst du bei selbst bemalten Papieren die Farben besser bestimmen.

Schachtel

1. Grundiere die Schachtel und den Deckelrand zuerst weiß und bemale beides in einer Farbe deiner Wahl. Die obere Fläche des Deckels nicht bemalen, da sie später beklebt wird. Bemale ein Blatt Papier in der gleichen Farbe.

2. Schneide nun das bemalte Papier in Deckelgröße zu. Lege dafür den Deckel der Schachtel auf das Papier und umfahre den Rand mit einem Bleistift. Dann schneidest du es aus.

3. Markiere auf der nicht bemalten Seite des Papiers an zwei gegenüberliegenden Seiten einen Rand von 1 cm. Quer dazu zeichnest du parallele Linien von 1 cm Breite auf.

4. Nun schneidest du mit dem Cutter exakt entlang den Linien. Schneide nicht über den eingezeichneten Rand hinaus!

5. Jetzt fädelst du den ersten Papierstreifen ein (siehe Foto). Schiebe ihn bis zum Rand. Den folgenden Streifen führst du so ein, dass der unten liegende nun oben liegt und umgekehrt. Webe so weiter, bis das ganze Blatt gefüllt ist. Beschneide die Ränder.

6. Nun wird das Papiergewebe auf den Deckel der Schachtel geklebt. Mische etwas Kleister in einem Glas mit Wasser an. Streiche die Rückseite des Papiergewebes ganzflächig mit Kleister ein. Klebe es dann auf den Deckel. Streiche die bemalte Seite ebenfalls mit Kleister ein. Dadurch schmiegen sich die Streifen besser an den Deckel an. Trocknen lassen.

Lesezeichen

Auch ein Lesezeichen kannst du auf diese Art leicht herstellen. Da es zwei sichtbare Seiten hat, musst du zwei Flächen herstellen. Die Rückseite kannst du aus glattem Papier schneiden. Beide Teile werden zum Schluss aufeinandergeklebt.

Album

Die Längsstreifen, also die, welche die „Kette" bilden, werden einzeln auf ein Hilfspapier geklebt. Dadurch erreichst du eine sehr große Mustervielfalt. Probiere aus, welche Farben nebeneinander gut aussehen. Versuche Farbrhythmen zu finden, z. B. helle und dunkle Farben im Wechsel oder jeden zweiten Streifen in derselben Farbe aufkleben oder nur helle Farben verwenden.

1. Arbeite am besten auf einer abwaschbaren Unterlage. Rühre etwas Kleister in einem Glas nach Herstellerangaben an.

2. Miss die Fläche des Albumdeckels aus und bestimme die Größe des Papiergewebes, das du anfertigen willst.

3. Schneide aus festem Papier ein „Hilfspapier" heraus, etwas breiter, als das Papiergewebe werden soll.

4. Wähle nun farbige Papierstreifen für die Kette aus – achte darauf, dass sie lang genug sind! Klebe sie am oberen Rand mit Kleister dicht nebeneinander auf das Hilfspapier, bis die nötige Breite erreicht ist. Trocknen lassen – wenn's schnell gehen soll, kannst du mit dem Fön nachhelfen.

5. Lege nun den ersten Schuss aus Papier in Webart ein: Klappe dafür jeden zweiten Kettstreifen nach oben und lege den Papierstreifen ein.

6. Damit dein Papiergewebe besser zusammenhält, musst du nun den eingelegten Streifen vorsichtig mit ein wenig Kleister bestreichen. Dann erst klappst du den Kettstreifen herunter.

7. Den folgenden Streifen legst du gegenläufig ein (siehe Foto) und klebst ihn ebenfalls fest. Schiebe die Streifen so dicht wie möglich aneinander. Webe so weiter, bis das Papiergewebe ausreichend lang ist.

8. Wenn es getrocknet ist, schneidest du die überstehenden Enden ab. Streiche den Albumdeckel mit Kleister ein und klebe das Papiergewebe auf. Streiche auch die Vorderseite mit Kleister ein.

9. Damit sich der Deckel nicht verzieht, muss er beim Trocknen beschwert werden. Decke ihn mit einer Plastiktüte ab und lege ein paar schwere Bücher passgenau darauf.

Alter

ab 8 Jahren

Portemonnaie

Material

Bast
Plastiktüte
Schere
Stumpfe Nadel
Webrahmen

Wer hätte gedacht, dass man mit normalen Plastiktüten auch weben kann! Hier siehst du, wie das geht.

1. Suche eine Plastiktüte in einer schönen Farbe aus. Schneide sie mit der Schere in 0,5 cm breite Streifen.

2. Bespanne deinen Webrahmen 7 cm breit mit Bastfäden.

3. Webe nun mit den Plastikstreifen wie mit einem anderen Garn ein ca. 20 cm langes Stück.

4. Das Webstück vom Rahmen nehmen und die Enden an beiden Seiten verknoten.

5. Schlage ein Drittel des Webstücks der Länge nach ein und nähe die Webkanten mit einem Bastfaden zusammen.

6. Für den Verschluss fädelst du einen doppelten Bastfaden unter zwei Kettfäden durch, dort, wo später der Knopf sitzen soll. Die Enden mehrmals direkt am Gewebe verknoten, sodass ein kleiner Knubbel entsteht. Zuletzt klappst du das Portemonnaie zu und drückst den Knubbel zwischen die Kettfäden hindurch. So kann nichts mehr verloren gehen.

Alter

ab 6 Jahren

Handytasche

Material

Bast in 2 Farben, stumpfe, Nähnadel, Stecknadel, Knopf, Papier, Bleistift, Webrahmen

Das hast nur du – ein Handytäschchen im Sommerlook!

1. Fertige zuerst eine Schnittvorlage an. Dazu musst du dein Handy ausmessen. Gib rings um das Handy 0,5 cm dazu. Die Klappe soll ca. 4 cm breit sein. Fertige nun eine Zeichnung mit diesen Maßen an. Orientiere dich dabei an der Abbildung unten.

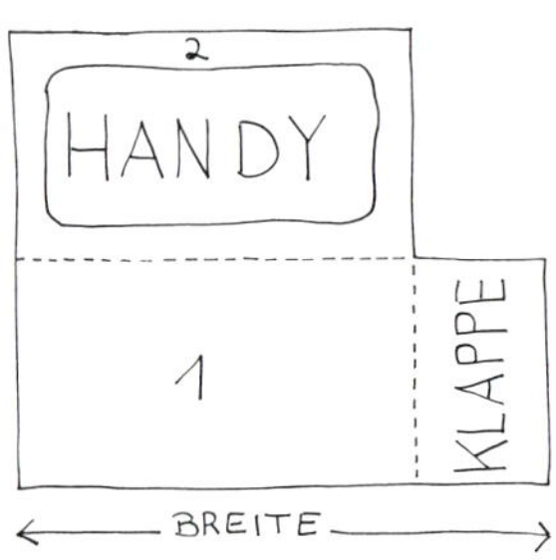

2. Bespanne den Webrahmen in der Breite deiner Schnittvorlage mit Bastgarn.

3. Webe den ersten Teil bis zur Fertigstellung der Handyklappe. Du kannst bunte Streifen weben oder aber nur eine Farbe verwenden. Der Faden soll jetzt auf der linken Seite liegen.

4. Nun legst du die Schnittvorlage auf das schon gewebte Stück. Führe das Schiffchen ein, aber nicht durch das ganze Fach, sondern der Schnittvorlage entsprechend kürzer. Webe den zweiten Teil fertig. Überprüfe die Größe nochmals anhand deiner Vorlage. Lieber ein bisschen zu groß als zu klein!

5. Nun nimmst du das Gewebe vom Rahmen. Verknote zuerst die Enden der Handyklappe. Schlage dann Teil 2 auf Teil 1 und verknote die gegenüberliegenden Kettfäden sorgfältig miteinander, sodass die Tasche geschlossen ist.

6. Jetzt kannst du Knopf und Schlaufe anbringen. Wie das geht, ist beim Zahnputztäschchen auf Seite 13 erklärt.

7. Um das Täschchen am Gürtel befestigen zu können, brauchst du noch eine Gürtelschlaufe. Bespanne den Webrahmen wiederum mit Kettfäden aus Bast, so breit, wie die Schlaufe werden soll. Webe das Stück doppelt so lang, wie die Schlaufe hoch werden soll. Dein Lieblingsgürtel muss durchpassen!

8. Das Webstück vom Rahmen nehmen und die gegenüberliegenden Enden miteinander verknoten. Jetzt hast du zwei Teile, wie auf dem Foto zu sehen.

9. Diese beiden Teile müssen nun aneinandergenäht werden. Die Schlaufe soll im oberen Drittel der Handytasche sitzen. Lege sie, wie auf dem Foto unten zu sehen ist, auf der Rückseite der Handytasche an. Stecke sie mit einer Stecknadel fest. Fädele einen Bastfaden in die Nadel. Nun stichst du die Nadel immer abwechselnd in einen Faden der Tasche und einen der Schlaufe. Anfang und Ende gut vernähen.

Die andere Seite der Schlaufe ebenso annähen.

10. Den Gürtel durch die Schlaufe schieben, das Handy einpacken und das Täschchen der Freundin zeigen!

Alter

ab 8 Jahren

Knüpfen Einführung

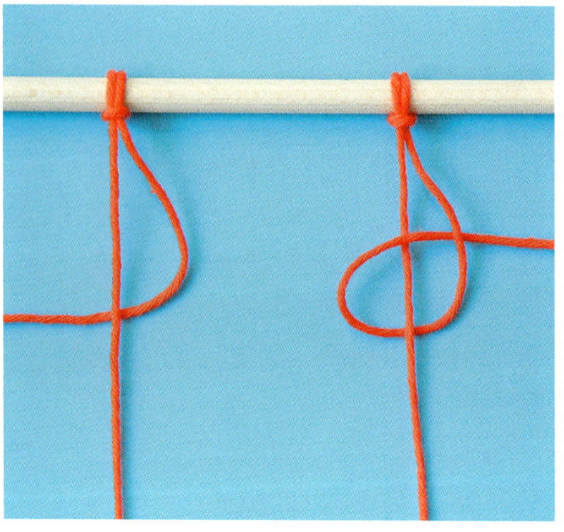

1. Erster Knoten

Im Makramee – so heißt diese Knüpftechnik – gibt es sehr viele Knoten. Ich beschreibe nur den Rippenknoten ausführlich, mit dem die meisten Modelle in diesem Kapitel geknüpft sind. Um den Faden zu befestigen, legst du ihn doppelt, schiebst ihn um den Holzstab und führst die Enden durch die Schlaufe. Du kannst die Fäden auch an einen Hilfsfaden knoten, den du um dein Bein bindest. Dann legst du den rechten Faden unter den linken und führst das Ende durch die so entstandene Schlaufe zurück.

2. Zweiter Knoten

Der erste Faden ist der so genannte Leitfaden. Er wird straff gespannt. Um diesen Faden werden die Knoten gelegt. Ziehe mit der rechten Hand den Leitfaden straff und mache mit der linken Hand die Knoten. Ziehe den ersten Knoten fest und lege nun denselben Faden von links nach rechts über den Leitfaden. Ziehe das Ende durch die Schlaufe nach links. Schiebe die Umschlingung dicht an den ersten Knoten. Verwende nicht zu lange Fäden (nicht länger als 100 cm), da sie sich leicht verheddern.

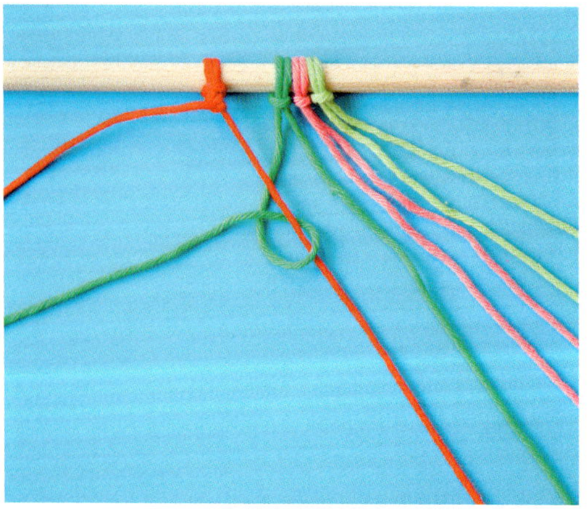

3. Zweiter Faden

Nun wird der nächste Faden hinzugenommen. Führe ihn unter den Leitfaden, umschlinge diesen und ziehe ihn durch die Schlaufe nach links. Schiebe ihn ebenfalls dicht an den vorigen Knoten. Der nächste Knoten wird wiederum mit demselben Faden genauso gemacht. Erst durch den zweiten Knoten ist der erste fixiert. Die Breite deines Makrameestücks hängt ab von der Menge und Dicke der Fäden, die du nebeneinander aufreihst.

4. Reihenende

Alle weiteren Knoten werden bis zum Reihenende so geknüpft. Den Leitfaden musst du dabei immer möglichst straff zu dir hin ziehen. Dadurch verlaufen die Knoten in einer leichten Schräge, die später das hier gewählte Muster ausmachen. Je mehr Fäden du aufgereiht hast, umso effektvoller wird diese Linie. Achte beim Knüpfen darauf, dass du die Reihenfolge der Knüpffäden nicht durcheinanderbringst. In dem Fall kannst du den Leitfaden an der Stelle einfach herausziehen und die Knoten lösen sich auf.

5. Richtungswechsel

Ist die erste Reihe geknüpft, ziehst du den Leitfaden leicht nach links und arbeitest mit dem letzten Knüpffaden weiter. Schlinge ihn um den Leitfaden, führe ihn unter dem Leitfaden durch und nach rechts hinaus. Straff anziehen! Denselben Faden schlingst du nun von links nach rechts um den Leitfaden (siehe Foto) und ziehst an. Schiebe den Knoten an den vorigen und ziehe den Faden nach rechts. Der nächste Faden wird auf dieselbe Weise um den Leitfaden geschlungen und nach rechts gezogen.

6. Muster

Knüpfe so fort bis zum Reihenende. Dann ziehst du den Leitfaden nach rechts und es geht wieder von vorne los. Jetzt lässt sich das Muster schon erkennen. Durch das gleichmäßige Straffen des Leitfadens erhalten die Fäden zwischen den Knotenreihen einen schönen Schwung. Der kommt besonders gut raus, wenn die Knüpffäden etwas steifer sind wie z. B. auf Seite 42 beim Gürtel. Du kannst auch Perlen dazwischen auffädeln. Wie du siehst, hast du mit diesem einfachen Knoten schon viele Möglichkeiten.

Basttasche

Material

Bast in Gelb und Pink
2 Holzringe

Aus Bast in zwei Farben entsteht eine superschicke Tasche, in der genug Platz für dein Schwimmzeug ist.

1. Schneide den Bast in 1 m lange Stücke. Du brauchst für jeden Ring 10 Schnüre.

2. Befestige die Schnüre am Holzring, wie in der Einführung auf Seite 31 beschrieben. Verschlinge nun die zweite und dritte Schnur miteinander (siehe Foto).

3. Verschlinge die beiden Schnüre in gegenläufiger Richtung noch einmal (siehe Foto rechts oben). Ziehe den Knoten vorsichtig fest.

4. Verbinde dann die dritte und vierte Schnur mit einem solchen Kreuzknoten.

Achte darauf, dass der Knoten auf der gleichen Höhe liegt wie der vorige. Verknote die folgenden Schnüre genauso bis zum Ende der Reihe. Die letzte Schnur bleibt liegen. In der zweiten Reihe verbindest du die erste und zweite Schnur (hier die pinkfarbenen Schnüre) mit einem Kreuzknoten. Dann werden die beiden folgenden (hier die gelben) Schnure verknotel usw.

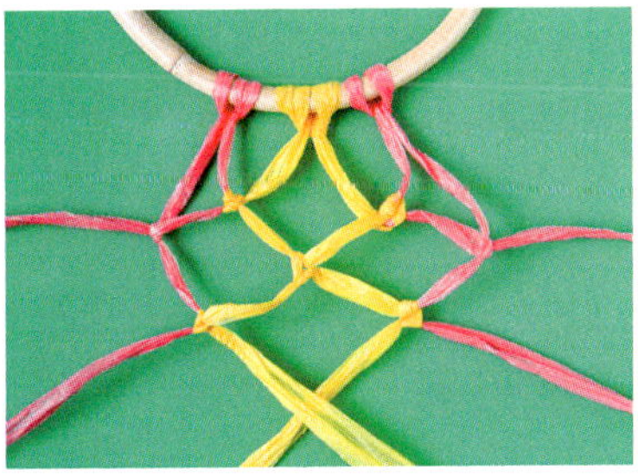

5. Um ein Streifenmuster zu erhalten, musst du darauf achten, dass du die Farben abwechselnd verwendest. Achte darauf, dass die Schnüre am Rand nicht zu kurz geknotet werden.

6. Auf diese Weise verknotest du die Schnüre, bis noch ca. 6 cm Schnur stehenbleiben. Fertige die andere Taschenhälfte genauso an.

7. Nun verbindest du beide Taschenhälften. Lege dazu die Enden aufeinander und verknote die gegenüberliegenden Schnüre, sodass jeweils die pinkfarbenen zusammenkommen und die gelben.

8. Um die Seiten zu verbinden, legst du ein Stück Schnur zur Hälfte und knotest es unten am äußersten Knoten an. Führe die Schnüre oberhalb des ersten Kreuzknotens zusammen, verknote sie und gehe zum nächsten Knoten. Nach 20 cm verknotest du die Enden. Damit die Tasche geöffnet werden kann, darfst du sie nicht bis oben schließen.

Alter

ab 8 Jahren

Geschenkverpackung

Material

Geschenk, Papier, Scoubidoubänder in verschiedenen Farben

Du brauchst gar kein Geschenkpapier, um dein Geschenk zu verpacken. Auf weißem Papier sehen die Knoten nämlich besonders witzig aus.

1. Verpacke dein Geschenk mit einfarbigem Papier. Es kann auch Packpapier sein.

2. Lege ein Scoubidouband um das Geschenk und verknote es. Die Enden bindest du nun z. B. über Eck und verknotest sie dort.

3. Bringe nun auf der gegenüberliegenden Seite ein Band an und verknote es ebenso.

4. Jetzt kannst du anfangen, „Fäden zu spinnen". Knüpfe an ein bestehendes Band ein neues an. Führe es von dort aus weiter und befestige es an einem anderen Band. So kannst du kreuz und quer deine Bänder knüpfen.

5. Du kannst auch ein paar Bänder nebeneinander anbringen und, wie bei der Basttasche beschrieben, mit Kreuzknoten verbinden (siehe kleines Geschenk vorn im Bild).

Alter

ab 6 Jahren

Haarband

Material

Haargummi
Schleifenbänder
Perlen
Schere

Das kostet fast nichts! Wenn beim Geburtstag mal Geschenkbänder abfallen, kannst du mit deiner Freundin flotte Haarbänder daraus basteln.

1. Verwende am besten Bänder aus Organza oder Tüll – die „stehen" gut. Schneide die Bänder 20–30 cm lang schräg ab.

2. Nimm ein Band zur Hälfte und lege es um das Haargummi. Ziehe die Enden durch die Schlaufe, bis es fest sitzt. Auf diese Art kannst du verschiedene Bänder nebeneinander befestigen. Zuletzt kannst du sie, wenn nötig, noch auf die richtige Länge schneiden.

3. Besonders hübsch sieht ein Band aus, das mit kleinen Perlen verziert wird. Nimm eine Schleifenspitze zwischen die Finger, feuchte sie leicht an und zwirbele sie zusammen. Dann kannst du die Perle auffädeln.

Alter

ab 6 Jahren

Band fürs Taschenmesser

Material

Baumwolle in 2 Farben
Schere

Das kannst du überall machen. Die Fäden lassen sich bequem in die Hosentasche stecken und wenn dir langweilig ist, kannst du am Band weiterknüpfen.

1. Du brauchst zwei Fäden, je 1 m lang. In diesem Beispiel haben wir einen roten und einen blauen Faden verwendet. Knote die Enden zusammen und lass 5 cm Faden hängen.

2. Mache mit dem roten Faden eine Häkelschlaufe. Führe die Schlaufe über den rechten Zeigefinger. Mittelfinger und Daumen halten die Fäden straff. Die Fadenenden liegen vorn.

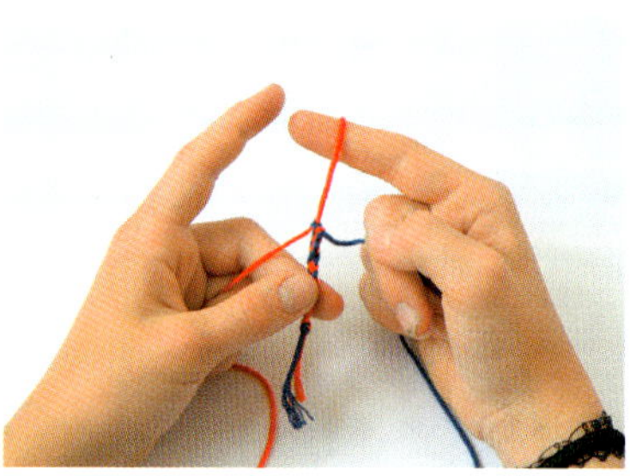

3. Jetzt holst du mit dem linken Zeigefinger den blauen Faden durch die Schlaufe.

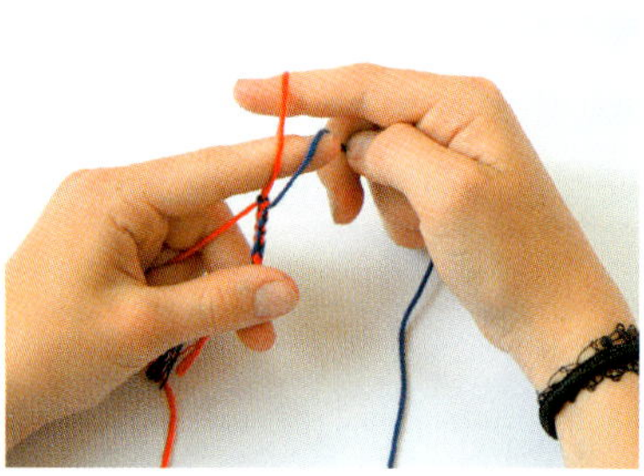

4. Halte das Ende dabei gestrafft.

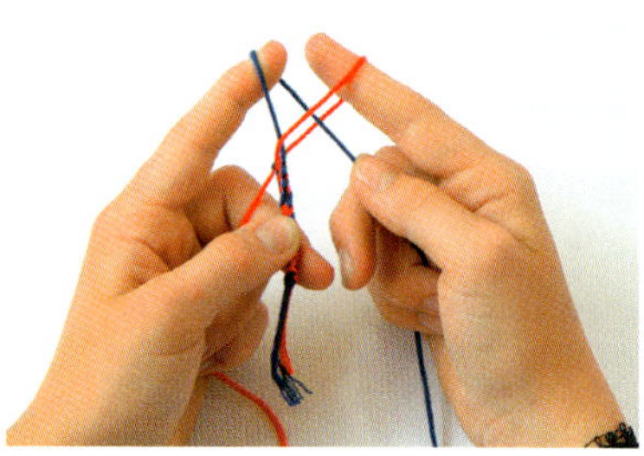

5. Gleichzeitig lässt du den roten Faden, der auf dem Zeigefinger liegt, herunterrutschen. Ziehe den roten Faden fest.

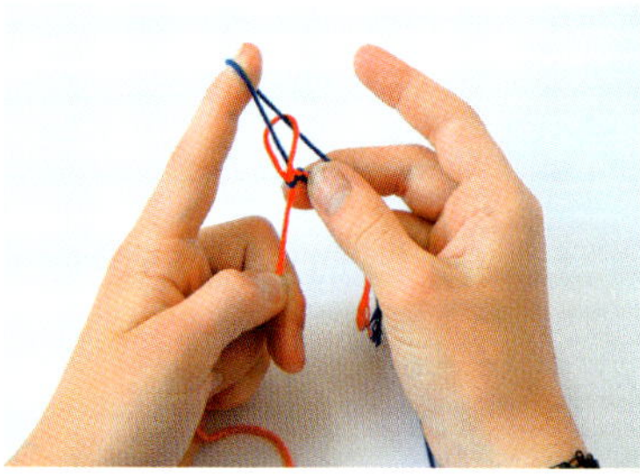

6. Jetzt holst du mit dem rechten Zeigefinger den roten Faden durch die blaue Schlaufe.

7. Ziehe den blauen Faden fest. Auf diese Art wechselst du immer zwischen den beiden Farben. Du kannst beim Durchziehen des Fadens auch den Daumen zu Hilfe nehmen. Finde raus, wie es für dich am besten geht! Das Prinzip ist, dass du die beiden Fäden immer abwechselnd durch die Schlaufen ziehst.

8. Ist das Band lang genug, ziehe es durch den Ring am Taschenmesser und verknote beide Enden. Die restlichen Fäden abschneiden.

Alter

ab 8 Jahren

Tipp

Auch als Fußkettchen macht sich so ein Band gut! Mit dicken Schnüren kannst du auf diese Weise sogar ein richtig stabiles Seil herstellen.

Stirnband

Material

Baumwollgarn, Schere

Das ist hip: ein Stirnband in Makrameetechnik! Das Tolle dabei ist, dass du dein Taschengeld dafür nicht ausgeben musst – krame einfach in Mutters Wollkiste, da finden sich bestimmt noch ein paar bunte Baumwollgarne! Stimme die Farbe auf deinen Hauttyp und deine Kleidung ab.

1. Dieses Stirnband ist mit Rippenknoten geknüpft. Lies dazu die Einführung auf Seite 30/31. Schneide zwölf Fäden in 150 cm Länge zu.

2. Wenn du schon ein bisschen Übung hast, kannst du die Fäden einfach mit einem Knoten zusammenbinden. Lass ca. 25 cm Faden hängen, die brauchst du später, um das Stirnband hinter dem Kopf zu binden. Knote diese Enden um dein Bein und schon kann's losgehen. Die erste Knüpfreihe ist etwas kniffelig, da du die Fäden erst einmal in Reihe bringen musst. Wichtig: Die Fäden werden hier nicht doppelt genommen, wie in der Einführung beschrieben, sondern in ganzer Länge verwendet!

3. Knüpfe mit den ersten sechs Fäden eine Reihe von fünf Rippenknoten, wie in der Einführung beschrieben. Arbeite dabei von links nach rechts. Die Knüpffäden liegen nun links.

4. Jetzt knüpfst du mit den restlichen sechs Fäden ebenfalls eine Reihe von fünf Rippenknoten von rechts nach links, sodass sich die Rippen in der Mitte treffen. Die Knüpffäden liegen nun rechts.

5. Die beiden Leitfäden werden dann in der Mitte mit einem Knoten verbunden (siehe Foto).

6. Nun knüpfst du von der Mitte nach außen. Knüpfe entlang dem Leitfaden fünf Rippenknoten nach links, anschließend fünf Rippenknoten nach rechts. Jetzt liegen alle Knüpffäden innerhalb der beiden Leitfäden (siehe Foto oben).

7. Knüpfe dann wieder jeweils fünf Rippenknoten zur Mitte hin und verknote die Leitfäden. Auf diese Weise entsteht das Rautenmuster. Knüpfe das Band so lang, bis es um deinen Kopf passt.

8. Die restlichen Fadenenden kannst du lose hängen lassen oder miteinander verflechten. Die geflochtenen Enden mit einem Knoten fixieren. Fadenenden abschneiden.

Alter

ab 8 Jahren

Tipp

So ein Band eignet sich auch als Gürtel oder Armband. Absolut trendy: eine Umhängetasche mit einem geknüpften Henkel!

Traumfänger

Material

Ring aus Metall, Bast, Baumwollgarn, bunte Federn, Perlen Nähnadel

Träume süß und friedlich – denn die bösen Träume verstricken sich im endlosen Gewirr deines Traumfängers!

1. Erst einmal umwickelst du den Metallring mit einem Bastfaden. Am Anfang machst du einen Knoten und lässt den Faden hängen. Wickele den Bast schön dicht, sodass von dem Ring nichts mehr zu sehen ist. Am Ende machst du wieder einen Knoten und lässt den Faden hängen.

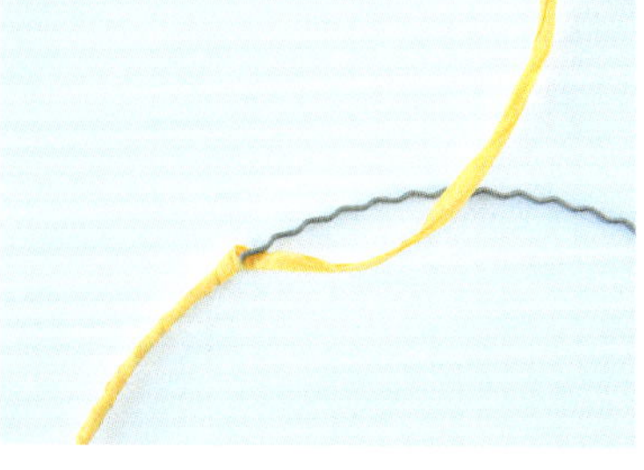

2. Knote einen Baumwollfaden am Ring fest. Führe den Faden von vorne über den Ring und durch die Schlaufe zurück. Ziehe den Faden straff und mache den gleichen Knoten noch einmal. Schiebe ihn direkt neben den ersten Knoten.

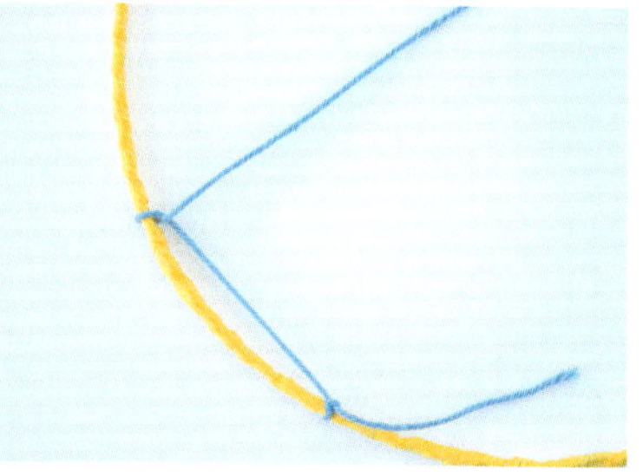

3. Wiederhole diesen Vorgang, bis du einmal um den Ring herum gearbeitet hast. Achte darauf, dass die Abstände zwischen den Fäden ähnlich groß sind.

4. Jetzt kommt die zweite Runde. Nach dem letzten Knoten am Ring machst du denselben Knoten an der ersten Schlaufe fest. Ab jetzt brauchst du nur noch einen Knoten zu machen. Dann führst du den Faden durch die nächste Schlaufe.

5. Nun kannst du Federn oder Perlen einarbeiten. Fädele den Faden auf die Nähnadel und ziehe z. B. eine Feder auf.

6. Knote den Faden an der nächsten Schlaufe fest und fädele ein paar Perlen auf. Halte den Faden die ganze Zeit über möglichst straff. Sollte der Faden einmal reißen, knote einfach einen neuen an und

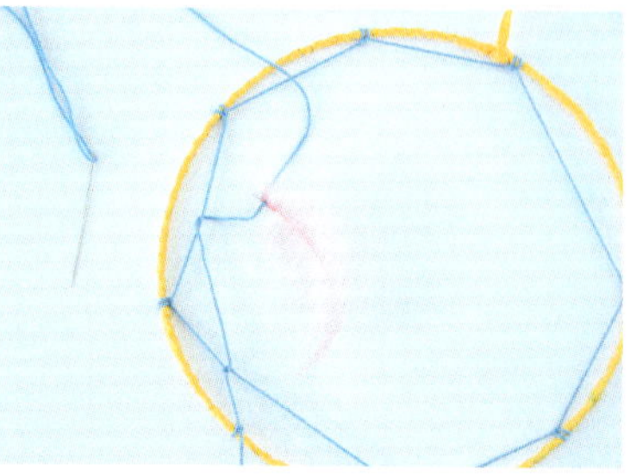

fädele auf den Knoten und die Fadenenden einige Perlen.

7. Fahre so fort, bis du die Mitte des Netzes erreicht hast. Dort ziehst du das Netz nochmals gut zusammen. Falls das Netz unregelmäßig ist, kannst du die Knoten noch verschieben. Verknote das Fadenende und fädele ein paar Perlen auf.

8. Jetzt kannst du deinen Traumfänger noch weiter schmücken. Knüpfe ein paar Fäden unten an und fädele Perlen und Federn auf.

9. Um deinen Traumfänger aufzuhängen, verknotest du den Anfangs- und Endfaden der Bastumwicklung zu einer Schlaufe. Hänge den Traumfänger über deinem Bett oder vorm Fenster auf.

Alter
ab 8 Jahren

Gürtel und Bänder

Material

Gewachste Baumwolle
Schlüsselring
Perlen

Absolut trendy: ein Gürtel aus gewachsten Baumwollfäden. Da kommt das Knüpfmuster besonders gut raus!

1. Gewachste Baumwolle erhältst du in gut sortierten Bastelgeschäften. Sie sieht aus wie Leder, ist aber viel reißfester und lässt sich sehr gut verarbeiten.

2. Um die Länge der einzelnen Fäden zu bestimmen, musst du etwa ein Drittel zur zu knüpfenden Länge dazugeben. Du brauchst insgesamt 16 Fäden, für jede Seite acht. Beispiel: Dein Gürtel soll 80 cm (Hüftumfang) lang werden. Dann brauchst du pro Seite 40 cm + 20 cm Zugabe + 30 cm für die Enden zum Binden, also 90 cm. Schneide sie in doppelter Länge zu, in diesem Fall 180 cm. Lieber etwas zu lang als zu kurz!

3. Lege nun die ersten acht Fäden zur Hälfte und befestige sie am Schlüsselring. Lies dazu auch die Einführung auf Seite 30/31. Jetzt liegen 16 Fäden nebeneinander.

4. Binde den Schlüsselring mit einem Hilfsband um dein Bein und knüpfe wie beschrieben die Rippenknoten. Wenn du die halbe Gürtellänge geknüpft hast (hier 40 cm), lass die Enden hängen. Knote auf der anderen Seite des Schlüsselringes die restlichen acht Fäden an und knüpfe die zweite Hälfte ebenso.

5. Zuletzt fädelst du auf jedes Ende drei Perlen und machst einen Knoten.

6. Führe den Gürtel in die Hosenschlaufen ein und verschließe ihn mit einem Doppelknoten.

Das türkisfarbene Band ist aus Baumwollgarn in der gleichen Art geknüpft. Zusätzlich kannst du noch Perlen auffädeln (Foto oben). Für eine Kette knotest du die Fäden nicht an einen Schlüsselring, sondern an einen doppelten Faden. Die Enden ebenfalls mit Perlen verzieren.

Alter

ab 8 Jahren

Freundschaftsbänder

Material

Baumwollgarn
Klebeband

Ein schönes Geschenk für deine Freundin oder Menschen, die du gerne magst.

1. Pro Band brauchst du sechs Fäden in einer Länge von 100 cm. Zuerst werden die Fäden auf eine feste Unterlage, z. B. einen Tisch, geklebt. Lass am Anfang 20 cm hängen – diese werden später für den Verschluss geflochten. Lege die Bänder dicht nebeneinander auf den Tisch und befestige sie mit einem Stück Klebeband kurz vor der Tischkante. Die nach hinten auslaufenden Fäden klebe ebenfalls fest, damit sie beim Knüpfen nicht verrutschen.

2. Das Armband wird mit Rippenknoten geknüpft. Lies dazu auch die Einführung auf Seite 30/31. So knüpfst du: Nimm den zweiten Faden in die linke Hand, dies ist der Leitfaden. Mit dem ersten Faden, dem Knüpffaden, machst du einen Knoten. Die Schlaufe wird über den Leitfaden gelegt! Ziehe den Faden schräg nach rechts oben und schiebe den Knoten dicht an das Klebeband. Setze einen zweiten Rippenknoten auf den Leitfaden.

3. Nun wechselst du den Leitfaden. Lege ihn nach links und nimm den nächsten Faden in die linke Hand. Knüpfe, wie schon beschrieben, mit dem Knüpffaden zwei Rippenknoten auf diesen Leitfaden.

4. Lege auch diesen Leitfaden nach links und nimm wiederum den nächsten Faden in die Hand (siehe Foto oben rechts). Setze zwei Rippenknoten darauf und knüpfe so die Reihe zu Ende. Schiebe die Knoten immer bis zum Klebeband, sodass eine waagerechte Knotenreihe entsteht.

5. Ziehe alle Fäden gleichmäßig glatt nach unten und knüpfe nun die nächste Reihe. Jetzt liegt der ursprünglich zweite Faden vorne und ist der

Knüpffaden. Knüpfe die Reihe genauso wie die erste bis zum Ende mit diesem Faden.

6. Knüpfe so Reihe für Reihe, bis das Band um dein Handgelenk passt. Ziehe es ab und zu gerade und achte darauf, dass der Leitfaden immer gespannt ist.

7. Die Enden kannst du miteinander verflechten. Nimm jeweils drei Fäden zum Flechten. Am Ende machst du einen Knoten, damit sie nicht aufgehen.

8. Binde das Armband mit jeweils zwei geflochtenen Enden um dein Handgelenk oder das deiner Freundin.

Alter

ab 6 Jahren

Flechten Einführung

1. Die Befestigung

In diesem Kapitel findest du viele verschiedene Ideen zum Thema Flechten. Zum Flechten brauchst du mindestens drei Stränge, du kannst aber auch mehr verwenden, wie unter Punkt 3 erklärt. Am Anfang werden die Stränge mit einem Knoten zusammengehalten. Binde den Knoten mit einem Hilfsfaden irgendwo fest, z.B. an deinem Bein oder bei längeren Bändern an einem Wandhaken oder einer Türklinke. Wichtig ist, dass du das Band beim Flechten richtig straff anziehen kannst.

2. Die Technik

Beim Flechten mit drei Strängen wird immer der äußere Strang über den mittleren gelegt. Halte alle Stränge während des Flechtens sehr straff. Wenn du mit längeren Strängen flechten willst, achte unbedingt darauf, dass sie sich nicht verheddern. Am besten ziehst du die Stränge dabei immer wieder auseinander. Zum Abschluss kannst du ebenfalls einen Knoten machen. Je nach Material hast du auch die Möglichkeit, die Stränge zu verkleben oder zu vernähen.

3. Flechten mit vier Strängen

Beim Flechten werden die Stränge, wie beim Weben, durch Über- und Untereinanderlegen miteinander verbunden. Beim Flechten gibt es allerdings keine Kette und keinen Schuss, sondern alle Stränge sind gleichermaßen beweglich. Hier auf dem Bild siehst du ein Geflecht mit vier Strängen. Befestige die Stränge, wie unter Punkt 1 beschrieben. Arbeite von links nach rechts. Schlage nun den äußeren Strang (auf dem Foto hellgrün) über den zweiten, unter den dritten und über den vierten.

4. Flechten mit vier Strängen

Den nächsten Strang (dunkelgrün) führst du ebenso auf und ab. Nun wird der vorige (hellgrün) umgeschlagen und unter den dunkelgrünen gelegt. Von der linken Seite kommt dann der nächste Strang hinzu usw. Mit allen Strängen wird in gleichem Maße gearbeitet. Wenn du etwas Übung hast, wirst du feststellen, dass das Flechten mit vier Strängen gar nicht so schwer ist. Mit fünf oder mehr Strängen funktioniert es im Prinzip genauso. Du kannst auf diese Weise schöne Gürtel und Armbänder herstellen.

5. Verschiedene Materialien

Auch durch die Wahl des Flechtgarns hast du viele Gestaltungsmöglichkeiten. Hier siehst du folgende Materialien von links nach rechts: gerissene Stoffbänder, Juteschnur, Plastikstreifen, Satinbänder, Papierkordel, Draht, Chenilledraht, Scoubidoubänder, Papierstreifen. Die geflochtenen Bänder kannst du zu Flächen oder plastischen Figuren (z. B. mit Draht) weiterverarbeiten. Auf den folgenden Seiten findest du viele Ideen für die Verarbeitung von Stoff, Wolle, Baumwolle, Bast, Jute und Papier.

6. Muster

Auch mit drei Strängen kannst du schon Muster und Flächen flechten. Beispielsweise indem du mehrere Zöpfe beim Flechten miteinander verbindest. Dabei werden während des Flechtens die Stränge des benachbarten Zopfes mit eingeflochten. Dafür bleibt am Rand ein Strang stehen. Dieser wird etwas später wieder eingearbeitet. Je nach Abstand der einzelnen Flechtverbindungen kannst du so ein sehr dichtes oder ein eher lockeres Flechtwerk herstellen.

Teddys Hut

Material

Dünner Baumwollstoff in verschiedenen Farben, Schere, stumpfe Nähnadel mit großem Nadelöhr, Nähmaschine

„Dieser Hut steht mir gut ..." Mit etwas Geschick und der Hilfe deiner Mama kann auch dein Teddy stolzer Träger eines solchen Hütchens werden.

1. Reiße den Stoff in etwa 4 cm breite Streifen. Durch das Reißen werden sie gleich breit. Sie sollten unterschiedlich lang, aber nicht länger als 1 m sein. Da die Streifen aneinandergenäht werden, verteilen sich die Übergänge und im Hut entstehen später keine Verdickungen.

2. Lege die Streifen aufeinander und steppe den Anfang mit der Nähmaschine zusammen. Hierbei kann dir sicher jemand helfen.

3. Nun hängst du drei zusammengenähte Stoffstreifen an einem Wandhaken ein und beginnst zu flechten. Am Anfang musst du die Stränge gut auseinanderhalten, da sie sich schnell verwickeln. Schneide die Flusen, die durch das Reißen der Streifen entstanden sind, immer mal wieder ab.

4. Ist ein Streifen zu Ende, nimmst du den Zopf und nähst mit der Nähmaschine den nächsten Streifen an. Dann bindest du den Zopf wieder an den Haken und fährst fort. Immer wenn ein Stoffstreifen zu Ende ist, steppst du einen neuen an. Auf die Art kannst du ein Endlosband flechten. Für den Hut brauchst du einen Zopf von etwa 2 m Länge.

5. Mit einem Stoffstreifen von 1 cm Breite wird der Zopf nun spiralförmig zusammengenäht. Fädele den Streifen in die Nähnadel und knote den „Nähstreifen" am Zopf fest. Drehe den Zopf zur Spirale. Nun führst du die Nadel zwischen das Geflecht und nähst immer die gegenüberliegenden Seiten innerhalb der Spirale Stück für Stück aneinander. Dabei kannst du in jeder Runde die Wölbung des Hutes bestimmen, indem du den Nähstreifen mehr oder weniger fest anziehst. Das Zopfende am Hut feststeppen.

Alter

ab 8 Jahren

Sorgenpüppchen

Material

Dicke weiche Wolle in 2 Farben, stumpfe Nähnadel, Schere

Elfriede und Emma sind immer für dich da. Du kannst sie als Schutzgeister in deinen Ranzen packen.

1. Schneide für die Haare sechs bis zehn Fäden, von 20 cm Länge zu. Mache in der Mitte einen Knoten. Für den Körper brauchst du sechs Fäden mit einer Länge von 100 cm.

2. Lege dann die Fäden für den Körper (rot) um den Knoten (gelb), wie auf dem Foto zu sehen ist, sodass beide Enden

gleich lang sind. Binde sie unterhalb des Knotens mit einem Faden ab.

3. Nun werden die roten Fäden auseinandergeklappt, sodass die gelben frei liegen. Verteile sie gleichmäßig über dem „Kopf" und binde ihn nochmals ab. Das kannst du wiederholen, bis der Kopf groß genug ist.

4. Jetzt wird der Körper geflochten. Teile die roten Fäden folgendermaßen auf: jeweils drei für die Arme und sechs für den Körper. Arbeite zunächst die Zöpfe für die Arme und mache am Ende einen Knoten. Die Enden mit der Schere abschneiden.

5. Der Körper wird mit jeweils zwei Fäden geflochten. Wenn der Körper lang genug ist, beginnst du mit den Beinen. Teile die Fäden in zweimal drei Fäden auf, für

jedes Bein drei Fäden. Verarbeite diese zu Zöpfen und schließe mit einem Knoten für die Füße ab. Die überschüssigen Enden abschneiden.

6. Jetzt bekommen Elfriede und Emma noch ein Gesicht. Fädele den Faden in die Nadel und nähe die Augen: Führe dabei den Faden durch die Haare und lass das Ende dort hängen. An den entsprechenden Stellen machst du für jedes Auge einen Knoten und führst den Faden wieder durch die Haare zurück. Der Mund entsteht auf ähnliche Weise, statt eines Knotens nähst du einen Stich in Mundbreite.

7. Nun werden die Püppchen noch frisiert. Verteile die Haare und schneide sie nach Lust und Laune in Form.

Alter

ab 6 Jahren

Ketten

Material

Baumwollgarn, Perlen (Indianer- oder Holzperlen), Häkelnadel, Nähfaden, Schere

Hier siehst du, wie du dir aus Garn und Perlen Ketten, Armbänder oder ein Hosenkettchen selber machen kannst.

1. Schneide sechs Fäden in passender Länge zu. Für ein Armband brauchst du ungefähr 60 cm Garn, für eine Kette 80 cm.

2. Arbeite das Armband mit drei Strängen von jeweils zwei Fäden. Die Enden teilst du auf in jeweils drei Fäden und verarbeitest sie zum Zopf. Beende alle Zöpfe mit einem Knoten und schneide die überschüssigen Fäden ab.

3. Schneide nun Fransen in 15 cm Länge zu. Stich die Häkelnadel in den Zopf und ziehe den Fransenfaden durch. Führe die Enden durch die entstandene Schlinge. Knüpfe in jeweils gleichem Abstand weitere Fransen an.

4. Um die Perlen aufzufädeln, nimmst du einen Hilfsfaden hinzu. Fädele die Perle (oder mehrere) auf den Faden. Lege eine Schlinge um die Franse und schiebe nun die Perle von dem Faden auf die Franse. Dabei zieht die Schlinge die Franse in das Perlenloch. Am Fransenende machst du zwei Knoten. Den restlichen Faden abschneiden.

5. Für die Kette schneide längere Fransen zu. In der Mitte der Kette werden die längsten Fransen angebracht, zu beiden Seiten nach außen sollen sie kürzer werden. Achte darauf, dass du die Fransen auf beiden Seiten gleichmäßig kürzt.

Alter

ab 8 Jahren

Teppich

Material

Stoffreste oder eingefärbte Bettlaken in verschiedenen Farben
Nähmaschine, Schere,
stumpfe Nähnadel mit großem Nadelöhr

Da fühlt sich Molli „pudelwohl"! Ob als Spiel- oder Katzenteppich, er ist in jedem Fall gemütlich und in etwas kleinerer Ausführung auch fürs Körbchen geeignet.

1. Der Teppich wird so ähnlich gemacht wie das Modell „Teddys Hut" auf Seite 48/49. Lies zuerst diese Beschreibung. Für den Teppich reißt du den Stoff in 8–10 cm breite Streifen. Sie sollten verschieden lang, aber nicht länger als 2 m sein, da sie sich sonst verheddern.

2. Lege die Streifen aufeinander und steppe den Anfang mit der Nähmaschine zusammen.

3. Hänge die Stränge an einem Wandhaken ein und beginne zu flechten. Ist ein Streifen zu Ende, steppst du mit der Nähmaschine einen neuen Streifen in der passenden Farbe an. Auf diese Art ein paar Meter flechten.

4. Mit einem Stoffstreifen von 1 cm Breite wird der Zopf spiralförmig zusammengenäht. Knote den „Nähstreifen" am Zopf fest und drehe den Zopf zur Spirale. Nähe nun die gegenüberliegenden Seiten innerhalb der Spirale Stück für Stück aneinander.

5. Lege den Teppich zwischendurch vor dich hin und ziehe ihn glatt. Achtung: Wenn du den Nähstreifen zu fest anziehst, erhältst du schnell eine Schalenform.

6. Wenn du siehst, dass der Teppich doch noch zu klein ist, kannst du auch jetzt noch weitere Streifen annähen. Du musst dann allerdings den ganzen Teppich zum Flechten an den Haken hängen. Erst wenn er groß genug ist, werden die Enden festgesteppt.

Alter

ab 8 Jahren

Puppenkleid

Material

Bast in 2 Farben
Häkelnadel
Schere

Für heiße Sommertage – ein Kleidchen für Lulu.

1. Aus doppelt gelegten Bastfäden wird ein Gürtel geflochten, der so lang ist, dass du ihn um den Bauch deiner Puppe binden kannst. Dann noch zwei Träger flechten.

2. Für die Rockfransen schneidest du Bastfäden doppelt so lang zu, wie der Rock werden soll.

3. Befestige die Fransen an dem Gürtel, indem du mit der Häkelnadel in das geflochtene Band stichst und den Faden ein Stück durchziehst. Führe nun die Enden durch die Schlaufe und ziehe die Franse fest.

4. Um die Träger zu befestigen, ziehe jeweils einen Bastfaden am Trägerende mit der Häkelnadel durch den Gürtel und verknote die Enden.

5. Führe nun die Träger über Kreuz nach hinten und befestige sie dort genauso.

Alter

ab 6 Jahren

Hundeleine

Material

Jutegarn in 4 Farben, z. B. Rot, Gelb, Blau und Weiß, Karabinerhaken, Pappe, 2 mm stark, Nagelschere, Bleistift, Zirkel, Häkelnadel

Die Flechttechnik, mit der diese Leine gemacht ist, ist eine alte japanische Kunst. Sie nennt sich Kumihimo. Man kann viele unterschiedliche Muster damit flechten.

1. Als Erstes brauchst du eine Flechtscheibe. Die kannst du fertig kaufen oder selbst herstellen. Die Adresse zum Bestellen findest du im Bezugsquellennachweis auf Seite 64. Wenn du sie selber machen möchtest, lies auf Seite 15 bei den „Sonnen aus Bast" nach. Dort ist beschrieben, wie du eine Pappscheibe herstellst. Auch aus Moosgummi kannst du eine Scheibe anfertigen. Klebe drei Platten (16 x 16 cm groß) 3 mm stark aufeinander.

2. Zeichne mit dem Zirkel einen Kreis mit 15 cm Durchmesser auf die Scheibe und schneide ihn mit der Nagelschere aus. Lass dir dabei helfen. Schneide in der Mitte ebenfalls einen Kreis von 3 cm Durchmesser. Nummeriere am Rand 32 Einschnitte im Abstand von 1,5 cm und schneide sie mit der Schere ein.

3. Zum Flechten für dieses Muster brauchst du acht Schnüre. Schneide von jeder Farbe ein 3 m langes Stück zu.

4. Befestige die Schnüre am Karabinerhaken. Lege dazu alle Schnüre zur Hälfte und schiebe die Schlaufe durch den Ring am Karabiner. Die Schnurenden durch die Schlaufe führen und fest anziehen.

5. Nun beginnt das eigentliche Flechten. Führe den Karabiner von oben durch das Mittelloch der Flechtscheibe. Klemme die Schnüre, wie unter Punkt 1 auf Seite 58 beschrieben, ein. Sie sollen gleichmäßig gespannt sein, der Karabiner hängt genau in der Mitte. Setze dich bequem hin und halte die Scheibe beim Flechten waagerecht. So wird geflochten: Klemme die rechte obere Schnur neben die rechte untere (siehe Punkt 2, Seite 58). Anschließend klemmst du die linke untere neben die linke obere Schnur. Dann drehst du die Scheibe eine Viertel Umdrehung nach links und fängst von vorne an. Auf der folgenden Seite siehst du jeden einzelnen Schritt, bis du einmal die Runde gemacht hast. Ab und zu ziehst du am Karabiner die Schnüre nach unten hin straff an.

6. Ist eine Schnur zu Ende, knote eine neue an. Hierbei ist es ganz wichtig, dass du nicht alle Schnüre gleichzeitig verlängerst, damit die Knoten nicht zu sehr auftragen. Die Knotenenden versteckst du in der Leine. Du kannst auch von Anfang an mit längeren Schnüren arbeiten – allerdings musst du dann beim Flechten die herabhängenden Schnüre öfter entwirren. Ziehe beim Flechten immer nur die Schnur heraus, mit der du arbeitest.

7. Ist die Leine lang genug, wird der Griff gemacht. Lege eine Schlaufe so groß, dass eine Hand gut durchpasst. Ziehe nun alle Schnurenden einzeln mit der Häkelnadel durch die Leine. Zum Schluss machst du mit allen Schnüren einen dicken Knoten und schneidest die Enden ab.

Alter

ab 6 Jahren

Flechten mit einer Pappscheibe (Kumihimo)

1. Klemme die roten Fäden in die Kerben 4 und 5, die blauen in die 12 und 13, die gelben in die 20 und 21, die weißen in die 28 und 29.

2. Klemme den rechten roten Faden rechts neben den gelben. 5 geht auf 19.

3. 21 geht auf 3. Drehe die Scheibe eine Viertel Umdrehung nach links.

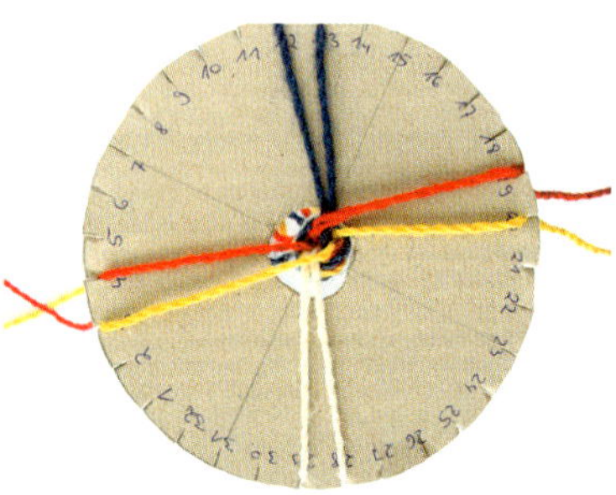

4. Klemme den rechten blauen Faden rechts neben den weißen. 13 geht auf 27.

5. Klemme den linken weißen Faden links neben den blauen. 29 geht auf 11. Drehe die Scheibe eine Viertel Umdrehung nach links.

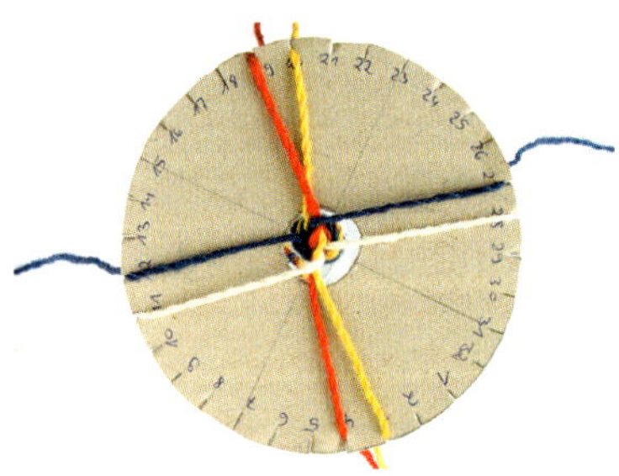

6. Klemme den rechten gelben Faden rechts neben den gelben. 20 geht auf 2.

7. 4 geht auf 18. Drehe die Scheibe eine Viertel Umdrehung nach links.

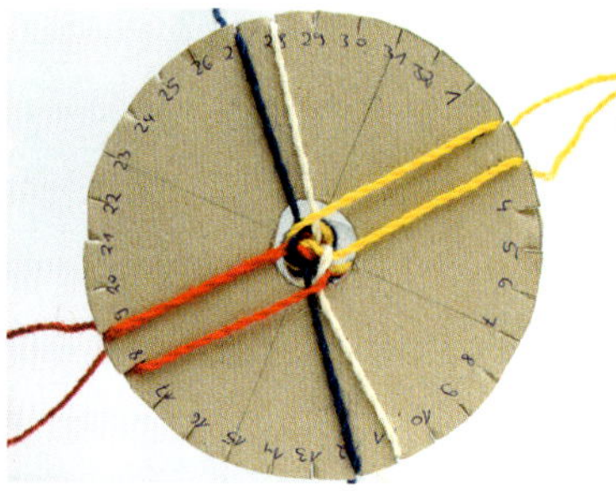

8. Klemme den rechten weißen Faden rechts neben den weißen. 28 geht auf 10.

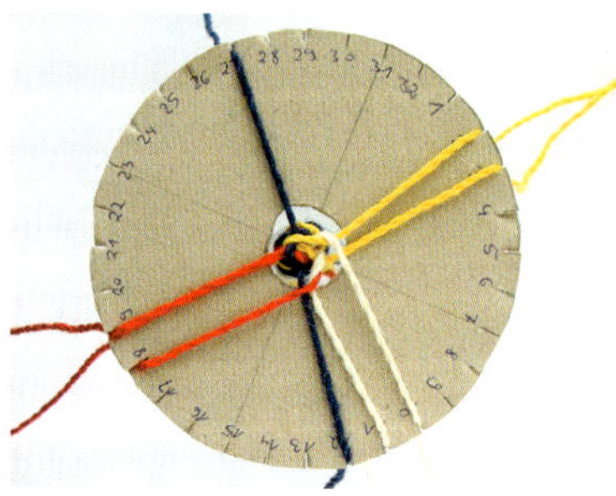

9. Klemme den linken blauen Faden links neben den blauen. 12 geht auf 26. Drehe die Scheibe eine Viertel Umdrehung nach links usw.

Karten

Material

Papier, Pinsel, Tuschkasten, festes Papier für die Karten, Schere, Geodreieck, Kleister

Mit Papierzöpfen kannst du Karten prima selbst gestalten, z. B. im Indianerlook für deine Geburtstagsparty.

1. Bemale mehrere Bögen von beiden Seiten in unterschiedlichen Farben. Das Papier für die Karten kannst du in denselben Farben anmalen – dann passen sie später gut zusammen.

2. Ist die Farbe trocken, wird der Bogen in Streifen geschnitten. Zeichne dafür mit dem Geodreieck parallele Linien von 1 cm Breite auf und schneide sie mit der Schere sorgfältig aus.

3. Rühre etwas Kleister im Glas an. Die Anfänge der Papierstreifen rechtwinklig aufeinanderkleben. Dabei liegt ein Anfang oben und einer unten (siehe Foto). Geflochten wird genauso wie mit Garn. Beginne auf der Seite, auf der zwei Streifen liegen. Klappe den äußeren Streifen um, sodass er parallel zum anderen liegt. Dadurch kommt die unten liegende Farbe nach oben. Dann klappst du wiederum den äußeren Streifen um usw.

4. Auf dem Foto siehst du die Mustermöglichkeiten mit zwei Farben.

5. Unten siehst du Zopfmuster mit vier Farben. Je nachdem, welche Farbe die Rückseite des Papiers hat, sind auch noch weitere Muster möglich. Probiere es aus!

6. Jetzt kannst du noch mit unterschiedlichen Streifenbreiten experimentieren. Oben rechts siehst du ein paar Beispiele.

7. Schneide nun die Karten zu und klebe die Zopfmuster auf, z. B. in Rahmenform, sodass die Kartenmitte für einen Gruß frei bleibt, oder in Streifenform. Oder denke dir ein anderes Muster aus!

Alter

ab 6 Jahren

Tipp

Mit einer Schneidemaschine geht das Ausschneiden der Papierstreifen ruck, zuck. Vielleicht steht ja eine im Büro deiner Mutter oder deines Vaters. Lass dir beim Schneiden unbedingt von einem Erwachsenen helfen!

Gürtel

Material

Papierkordel in 2 Farben, Schere, 2 Schlüsselringe, Klebstoff

Das Besondere an diesem Gürtel ist, dass das Muster durch die Längsfäden entsteht.

1. Schneide vier Fäden zu. Für einen 70 cm langen Gürtel brauchst du 2 m lange Fäden.

2. Lege die Fäden zur Hälfte und knote sie um beide Schlüsselringe (siehe Foto unten). Befestige die Schlüsselringe mit einem Hilfsfaden an deinem Bein.

3. Der Gürtel ist ein Geflecht aus acht Fäden. Lies dazu auch die Einführung Flechten auf Seite 46/47. Beginne mit dem linken Faden. Führe ihn abwechselnd über und unter die Nachbarfäden. Am Ende der Reihe lässt du ihn rechts herauslaufen.

4. Jetzt ist der zweite Faden dran. Führe ihn ebenso auf und ab durch die Reihe und lass ihn rechts herauslaufen. Dann wird der vorige Faden nach unten geschlagen und reiht sich so wieder bei den anderen Fäden ein.

5. Schiebe die Längsfäden ab und zu zusammen. Die Querfäden sollen nur am Rand zu sehen sein. Dadurch entsteht das Streifenmuster.

6. Für den Abschluss drehst du ein extra Stück Papierkordel auf und klebst es um die Fadenenden. Du kannst auch ein passendes Stück Stoff für den Abschluss verwenden.

Alter

ab 8 Jahren

Bezugsquellennachweis:

Coats GmbH
Kaiserstraße 1
79341 Kenzingen
www.coatsgmbh.de

Die Klöppelkiste
Wasserschlossweg 6
09123 Chemnitz
www.kumihimo.biz

Rayher Hobbykunst
Postfach 14 62
88464 Laupheim

UHU GmbH & Co. KG
77813 Bühl
www.uhu.de

Den genannten Firmen vielen Dank für ihre freundliche Unterstützung!

Ebenfalls möchte ich mich bei meiner Tochter Leonie für ihre Ideen und ihre freudige Mitarbeit bedanken.

Bibliografische Information der Deutschen Bibliothek
Die Deutsche Bibliothek verzeichnet diese Publikation in der Deutschen Nationalbibliografie; detaillierte bibliografische Daten sind im Internet über http://dnb.ddb.de abrufbar.

Umschlaggestaltung: Behrend & Buchholz, Hamburg
Fotos: Julia von Vietinghoff, Berlin
Texte, Modelle und Styling: Uta Donath
Lektorat: 360°/Eva Hauck, Berlin
Zeichnungen: Uta Donath
Satz: Arnold & Domnick, Leipzig
Printed in Germany

ISBN 978-3-8388-3013-1
2. Auflage